"Baby Animal Names"
ISBN Paperback: 979-8-9892051-2-7

Published by: ImagineHouse

For permissions, inquiries, or feedback, please contact:
ImagineHousePubs@gmail.com

First Edition: 2024
Printed in USA

A baby cow is called a calf.

A calf can walk shortly after it is born.

Una vaca bebé se llama ternera.

Una ternera puede caminar poco después de nacer.

A baby dolphin is <u>also</u> called a calf.

A dolphin calf drinks milk from its mother.

Un delfín bebé se llama crío de delfín.

Un crío de delfín bebe leche de su madre.

A baby deer is called a fawn.

Fawns can eat plants just a few weeks after they are born.

Un venado bebé se llama cervatillo.

Los cervatillos pueden comer plantas sólo unas pocas semanas después de nacer.

A baby cat is called a **kitten**.

Kittens can have as many as ten brothers and sisters.

Una gata bebé se llama **gatita**.

Las **gatitas** pueden tener hasta 10 hermanos y hermanas.

A baby sheep is called a lamb.

Lambs have soft, woolly coats.

Una oveja bebé se llama cordero.

Los corderos tienen una lana suave y esponjosa.

A baby bear is called a cub.

Cubs are born in the winter while their mother hibernates.

Un oso bebé se llama osezno.

Los oseznos nacen en el invierno mientras su madre hiberna.

A baby kangaroo is called a joey.

Joeys feel cozy in their mothers' pouch.

Una cangura bebé se llama joey.

Una joey se siente cómoda en la bolsa de su madre.

A baby turtle is called a hatchling.

A sea turtle hatchling is born on the same beach as its mother.

Una tortuga bebé se llama cría de tortuga.

Una cría de tortuga nace en la misma playa que su madre.

A baby owl is called an owlet.
Owlets are born with their eyes closed.

Un búho bebé se llama mochuelo.
Los mochuelos nacen con los ojos cerrados.

A baby dog is called a puppy.

Young puppies sleep most of the day.

Una perrita bebé se llama cachorra.

Las cachorras jóvenes duermen la mayor parte del día.

A baby rabbit is called a kit.

Kits can hop when they are just two weeks old.

Un conejo bebé se llama gazapo.

Los gazapos pueden saltar cuando tienen sólo dos semanas de edad.

A baby horse is called a foal.

Foals learn by smelling and tasting the world around them.

Un bebé caballo se llama potro.

Los potros aprenden oliendo y saboreando el mundo que las rodea.

A baby seahorse is called a fry.

A fry must find its own food after it hatches.

Una caballito de mar bebé se llama cría de caballito de mar.

Una cría de caballito de mar debe encontrar su propia comida después de nacer.

A baby duck is called a **duckling**.

Ducklings grow in their eggs for almost a month before hatching.

Una pata bebé se llama **patita**.

Las **patitas** crecen dentro de sus huevos casi un mes antes de salir del cascarón.

Every animal has a name.
Every person has a name.

What's **your** name?

Cada animal tiene un nombre.
Cada persona tiene un nombre.

¿Cómo **te** llamas?

Acknowledgements

Thanks to those behind the many technological advancements that have made this book possible.

Many thanks to Ana Elena Alvarez for the translations.

Special thank-you to Caralyn Spector for all your support and ideas.